17 Premium Haiku

Wolfgang Brenneisen

hat Bücher geschrieben und Ausstellungen gemacht.
Weitere Informationen unter:
https://de.wikipedia.org/wiki/Wolfgang_Brenneisen

Wolfgang Brenneisen

Herausgeber

# 17 Premium Haiku

*imme klassiker*

© 2025 Wolfgang Brenneisen
Verlag: BoD · Books on Demand GmbH,
In de Tarpen 42, 22848 Norderstedt, bod@bod.de
Druck: Libri Plureos GmbH, Friedensallee 273,
22763 Hamburg
ISBN: 978-3-7693-1075-7

# Inhalt

Haiku 6

Alter Teich - Basho 13
Da! Aus der Nase - Issa 15
Ach was! Wir gehen schlafen - Buson 17
Ein Mensch - Issa 19
Diese Mondnacht! - Etsujin 20

Herbstabend - Basho 22
Kleine Schnecke - Issa 24
Der dort drüben steht - Chora 26
Nach einem guten Essen - Buson 28
Weg da, Spatz! - Issa 30
Winterregen - Buson 32
Huch! Das Glühwürmchen - Ryota 34

Juniregen - Issa 37
Er kommt entgegen - Shiki 39
Der kleine Schmetterling - Issa 41
Sie hat gesungen und gesungen - Basho 43
Es ist soweit - Izen 45

Acht Meister 46
*imme klassiker / edition imme 47*

# Haiku

Das japanische Haiku: ein Dreizeiler, fünf Silben, sieben Silben und dann noch einmal fünf. In dieser knappen Verpackung enthalten: eine Verbindung von Naturschilderung und Stimmung. Etwas Bekanntes und scheinbar nicht Erwähnenswertes erscheint in einer neuen Beleuchtung und Perspektive. Der Leser erinnert sich an ähnliche Erlebnisse. Sanfte Melancholie oder heitere Gelassenheit steigt in ihm auf. Manchmal hat er das Gefühl, einer tiefen Einsicht oder gar Weisheit nahe zu sein.

Natürlich ließe sich noch viel mehr über das kleine fernöstliche Juwel sagen, aber eine erschöpfende Erklärung des geheimnisvollen Phänomens ist sicher nicht möglich – ist doch der Japaner selbst der Ansicht, dass ein Fremder nie und nimmer alle Nuancen und Feinheiten erfassen, alle Ober-und Untertöne vernehmen könne. Da hat er sicher recht. Immerhin kann der Nichtjapaner aufgrund von Übersetzungen eine gewisse (oder auch ungewisse) Ahnung vom Gemeinten und zart Angedeuteten gewinnen. Beispiele sagen mehr als seitenlange gelehrte Kommentare.

Hier wären also einige Beispiele. Ein paar Hochkaräter aus dem unübersehbaren Fundus. Allerdings präsentiere ich die Kostbarkeiten mit etwas schlechtem Gewissen und im Bewusstsein meiner Unzulänglichkeit. Ich muss nämlich gestehen, dass meine Kenntnisse des Japanischen sehr limitiert sind, und das ist noch vorsichtig ausgedrückt. So habe ich also aus deutschen und englischen Übertragungen meine mich zufrieden stellenden Formgebilde herausdestilliert. Sie sollten wie im Original kurz und bündig sein, aber auch (nach meinem Sprachgefühl) deutsch klingen.

Silben habe ich nicht gezählt. Nach Ansicht der profunden Japan-Kenner Dietrich Krusche und Erwin Jahn würde das bedeuten, das Pferd am Schwanz aufzuzäumen. Japanische Silben sind etwas anderes als deutsche. Wenn allerdings, sage ich, ein deutscher Haiku-Dichter bei seinem muttersprachlichen Wirken Silben zählen will, möge er das tun, das bringt zwar keinen Mehrwert, schadet aber im Allgemeinen nicht. Das wäre halt ein Spiel mit besonderen Regeln. Immerhin ist das japanische Haiku letztlich aus einem gesellschaftlichen Spiel hervorgegangen.

Ich habe die dichterischen Vorlagen grafisch interpretiert. Dem aufmerksamen, aber auch dem unaufmerksamen Leser und Betrachter wird nicht entgehen, dass ich mir bei meiner Deutung einige Freiheiten herausgenommen habe. Ob die Meister Basho und Buson das gebilligt hätten? Zu meiner Rechtfertigung könnte ich vorbringen, dass das Haiku eine offene Form ist und dass sich die Zen-Buddhisten aufgrund einer Geistesverwandtschaft gerne dieser Form bedient haben. Zen aber ist dafür bekannt und geradezu berüchtigt, angeblich unausweichliche, feste Formen nicht anzuerkennen und unbekümmert zu zerschlagen. Wenn mich mal der Hafer sticht, werde ich diesen Gedanken in einem makellosen Haiku mit exakt 17 Silben zum Ausdruck bringen. Im Augenblick fühle ich mich dieser Aufgabe noch nicht gewachsen. Aber wie Hokusai sagte (wenn ich mich recht erinnere): Er sei immer bemüht dazuzulernen, und mit schätzungsweise hundert Jahren sei er vermutlich in der Lage, einen ordentlichen Holzschnitt zu verfertigen...

Japan hat das Haiku erfunden, hat aber deswegen keinen Alleinvertretungsanspruch. Das Haiku ist in die Welt hinausgezogen, als japanischer Botschafter, und ist mit offenen Armen aufgenommen worden. Man kann es als Weltkulturerbe betrachten, und zwar als ein munteres, höchst produktives und kreatives. Natürlich entsteht da mehr Spreu als Weizen, zum Verdruss der selbsternannten Sachverständigen, doch summa summarum überwiegen die Vorteile, die über die rein sprachliche Dimension hinausgehen.

Man kann nämlich das Haiku nicht nur als Sprachgebilde werten, sondern als eine Methode, die Welt zu betrachten. Das Haiku wählt aus der Fülle der Welt wenige, vielleicht nur zwei oder drei Objekte aus und fügt sie zu einer eigenen Welt zusammen: Rabe – Ast – Herbstabend. Das ist auf den ersten

Blick wenig, es ist minimalistisch karg. Aber wunderbarerweise entsteht aus den wenigen Tönen, um ein anderes Bild zu gebrauchen, ein neuartiger, vielschichtiger Akkord. Die künstliche Miniwelt erweist sich als ein eigenes Universum. Begrenzt, aber unendlich. Denn jeder Leser wird seine eigenen Assoziationen, Erinnerungen und Gefühle damit verbinden. Welcher Schriftgelehrte, der auf das vermeintlich Objektive pocht, maßt sich an, in diesem Deutungsraum Grenzen zu setzen?

Wer selbst die Haiku-Technik anwendet, erlebt, dass die scheinbar banale, sattsam bekannte Welt sich mit einem Mal, mit einem kleinen Kunstgriff öffnet und ihren unendlichen Reichtum offenbart. Ist das schon die „Erkenntnis“, nach der die emsigen Weisheitssucher streben? Spektakulär ist es nicht, von einem Blitz fühlt man sich nicht getroffen. Aber die Erfahrung, dass die Welt voller Überraschungen und Geheimnisse steckt, ist doch auch nicht ohne, oder? Zwar kehrt man wieder in den banalen Alltag zurück, aber mit der schönen Gewissheit, dass das nicht alles ist.

Noch ein Wort zum Entstehungsprozess eines Haikus. Nehmen wir das berühmte Haiku vom Teich und vom Frosch. Wenn man es so liest, scheint alles klar zu sein: Basho geht an einem Teich vorbei, ein Frosch hüpft hinein, Basho erkennt den „moment décisif“, wie es der Fotograf Henri Cartier-Bresson genannt hat, greift aber aus historischen Gründen nicht zur Kamera, sondern notiert sich die Konstellation oder memoriert sie – und fertig ist die Urmutter aller Haiku. Will man aber der Überlieferung glauben, war alles ganz anders. Basho, im Kreise seiner Schüler, hat schon irgendwie die zweite und dritte Zeile parat, also Frosch springt und platsch, doch es fehlt noch die erste, und die ist besonders wichtig. Basho appelliert an die Schüler, sich etwas Passendes einfallen zu lassen, aber die kommen in ihrer schülerhaften Unbedarftheit nur auf etwas mit Rosen. Zur Not ginge das ja, aber das Gelbe vom Ei wäre es nicht. Also nimmt Basho seine ganz geistige Kraft zusammen, der Berg erbebt - und ein alter Teich kommt heraus. Wow! Volltreffer! Die Schüler sind beeindruckt und müssen sich kleinlaut eingestehen, dass sie auf dem Weg zur Meisterschaft noch viel lernen müssen. Ob die Geschichte so stimmt, wissen wir nicht, eines stimmt jedoch sicher: Das Haiku ist ein Kunstprodukt und kann auch fernab einer sinnlich präsenten Natur im Workshop, am Schreibtisch oder im Wortlabor entstehen.

Bei all diesen gedanklichen Aufschwüngen und schönen Geschichten steigt vielleicht in unserem Zeitalter die bange Frage auf: Was aber ist mit KI, der künstlichen Intelligenz? Sie bemächtigt sich einer nach der anderen geistigen Provinz, auf die wir Homines sapientes das Monopol zu haben glaubten. Nachdem unsere Schachgroßmeister binnen kurzem von KI mattgesetzt wurden, könnten doch auch die Haiku-Meister auf die

Abschussliste kommen. Wäre das denkbar und möglich? Selbstverständlich. Haiku ist eine Sache der Kombinatorik, und die ist für KI Peanuts. Anfangs werden unsere Sachverständigen die Nase rümpfen und von oben herab verkünden, dass die dumme Maschine niemals einem göttlichen Basho das Wasser reichen könne. Doch bald werden Blindversuche ergeben, dass die artifiziell erzeugten Produkte nicht mehr von den menschlichen Kreationen zu unterscheiden sind. Ist das nun ein echter, bislang noch unentdeckter Basho aus dem 17. Jahrhundert oder ein Fake aus dem 21.? Und in der nächsten Phase werden die KI-Haiku ihre humanen Vorläufer an Originalität und Eleganz weit übertreffen. Ist meine Prognose.

Allerdings gibt es bei dieser fatalen Entwicklung einen positiven Ausblick. Wie Yuval Harari ausgeführt hat, kann KI ihren Auftrag perfekt ausführen. Aber das ist auch alles. KI hat nichts davon. Sie hat kein Bewusstein, keine Emotionen. Der Rabe auf dem dürren Ast an einem Herbstabend sagt ihr nichts. Sie empfindet keine Wehmut, keine Melancholie, sie verspürt kein Frösteln. Aber wer weiß? Vielleicht fängt KI eines Tages an, sich über ihre Empfindungslosigkeit zu ärgern. Dann jedoch ist für uns höchste Gefahr im Verzug. Eine der letzten menschlichen Bastionen könnte fallen. Und schließlich könnte das Haiku als überflüssiges menschliches Relikt entsorgt werden.

Doch ich will nicht zu viel spekulieren. Irgendwie habe ich das Gefühl, dass das Haiku unsterblich ist.

古池や
蛙飛び込む
水の音

Alter Teich.
Ein Frosch springt hinein.
Pflatsch.

Basho

# 仏陀とツバメ

Da! Aus der Nase
des großen Buddha
fliegt eine Schwalbe -

Issa

# 新年

Ach was! Wir gehen schlafen.
Das neue Jahr
ist erst morgen.

Buson

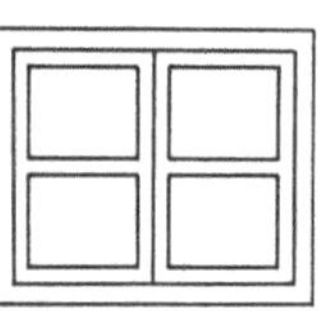

# 人間と蠅

## Ein Mensch
## und eine Fliege
## im Raum

Issa

# 月夜の夜

Diese Mondnacht!
Unmerklich geht sie über
in den Morgen…

Etsujin

# 秋のカラス

Herbstabend.
Auf dürrem Ast
sitzt eine Krähe.

Basho

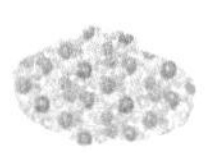

Kleine Schnecke:
Langsam, langsam steigst du hinauf
auf den Berg Fuji.

Issa

富士の山
そろそろ登れ
かたつむり

月明かりの川

Der dort drüben steht,
am Flussufer im Mondlicht –
wer ist es?

Chora

桃花牛

Nach einem guten Essen
schlafen wie ein Ochse
unter den Pfirsichblüten…

Buson

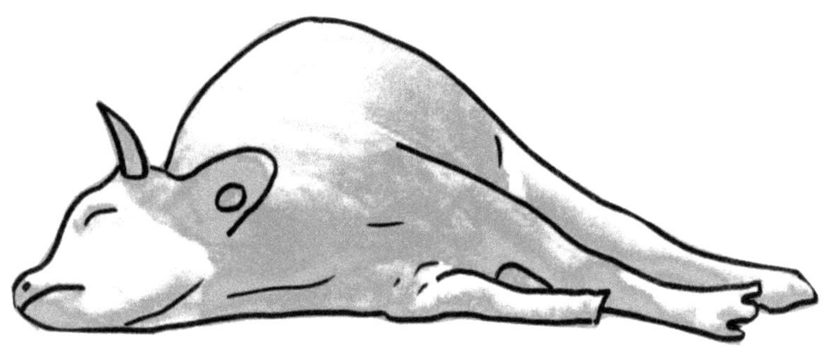

# 馬と雀

Weg da, Spatz,
mach Platz!
Hier kommt Herr Pferd!

Issa

琴ねずみ

Winterregen.
Über die Saiten der Koto
läuft eine Maus.

Buson

# 月のホタル

Huch! Das Glühwürmchen
rettet sich
auf den Mond -

Ryota

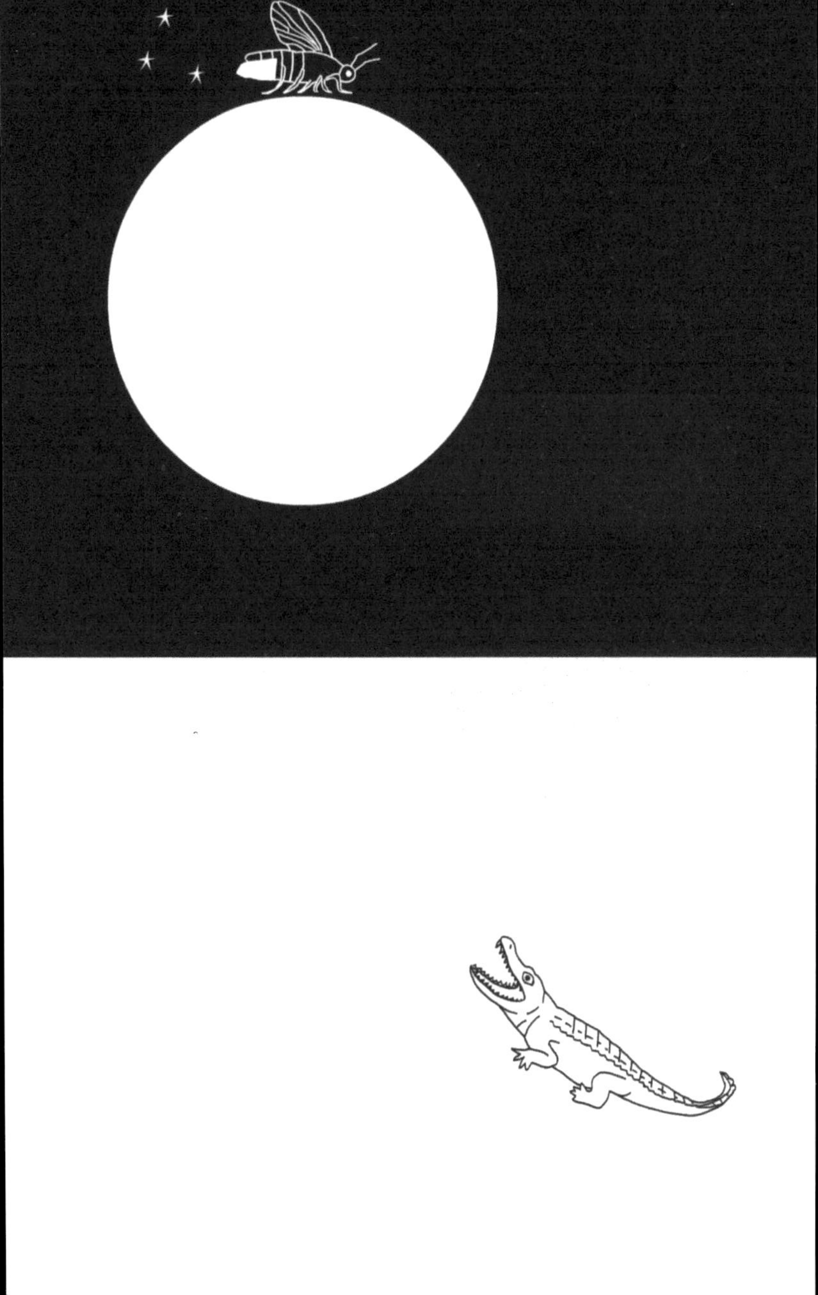

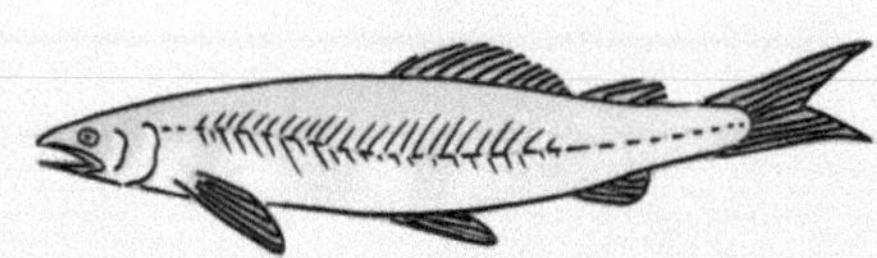

# 夏の雨の魚

Juniregen.
Goldene und silberne Fische
tummeln sich.

Issa

# 霧の中の男

Er kommt entgegen,
geht und geht,
verschwindet im Nebel –

Shiki

# 猫と蝶

Der kleine Schmetterling!
Er spielt mit dem Schwanz
der großen Katze –

Issa

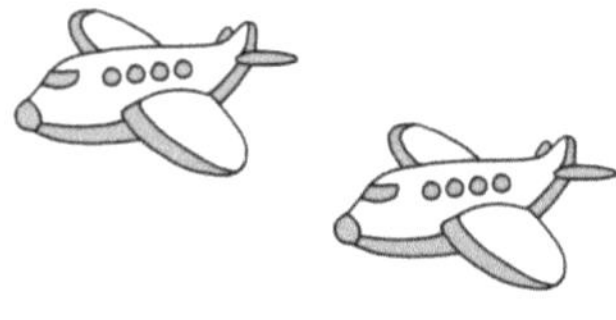
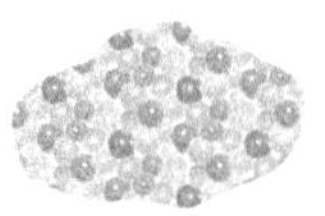

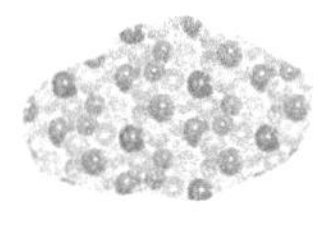

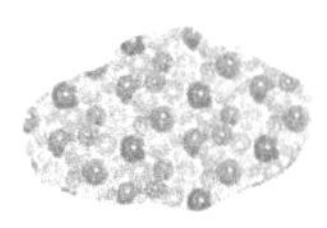

ヒバリ

Sie hat gesungen und gesungen,
die Lerche, aber
es war ihr nicht genug.

Basho

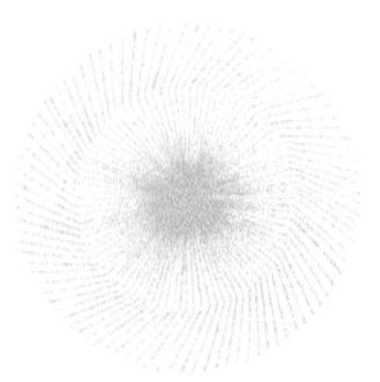

かかし

Es ist soweit,
Vogelscheuche, alter Freund:
Leb wohl!

Izen

Acht Meister

Matsuo Basho / 1644 – 1694
Yosa Buson / 1716 – 1784
Miura Chora / 1729 – 1780
Ochi Etsujin / 1656 – 1736
Kobayashi Issa / 1763 – 1828
Hirose Izen / 1652 – 1710
Oshima Ryota / 1718 – 1787
Masaoka Shiki / 1867 - 1902

imme klassiker

Theodor Storm
Hg. Wolfgang Brenneisen
Den grauen Tag vergolden,
ach vergolden
Books on Demand, Norderstedt
ISBN 9783769355635


edition imme

Ein Lyriker packt aus.
Ansichten, Einsichten, Bekenntnisse
Books on Demand, Norderstedt
ISBN 9783759777669

Wolfgang Brenneisen
Das geheime Leben der Dichter
Wie sie fühlen. Wie sie ticken.
Books on Demand, Norderstedt
ISBN 9783837024159

Wolfgang Brenneisen
Sei einfach, einfach du selbst!
15 Gedichte
Books on Demand, Norderstedt
ISBN 9783750492684